LUXURY RIDES

AUTOS DE LUJ

ESCALADE BY CADILLAC
ESCALADE DE CADILLAC

A Crabtree Branches Book
Un libro de Las Ramas de Crabtree

Tracy Nelson Maurer

Translated by/Traducción de Santiago Ochoa

Crabtree Publishing

crabtreebooks.com

School-to-Home Support for Caregivers and Teachers

This high-interest book is designed to motivate striving students with engaging topics while building fluency, vocabulary, and an interest in reading. Here are a few questions and activities to help the reader build upon his or her comprehension skills.

Before Reading:

- *What do I think this book is about?*
- *What do I know about this topic?*
- *What do I want to learn about this topic?*
- *Why am I reading this book?*

During Reading:

- *I wonder why...*
- *I'm curious to know...*
- *How is this like something I already know?*
- *What have I learned so far?*

After Reading:

- *What was the author trying to teach me?*
- *What are some details?*
- *How did the photographs and captions help me understand more?*
- *Read the book again and look for the vocabulary words.*
- *What questions do I still have?*

Extension Activities:

- *What was your favorite part of the book? Write a paragraph on it.*
- *Draw a picture of your favorite thing you learned from the book.*

Apoyos de la escuela a los hogares para cuidadores y maestros

Este libro de gran interés está diseñado con temas atractivos para motivar a los estudiantes, a la vez que fomenta la fluidez, el vocabulario y el interés por la lectura. Las siguientes son algunas preguntas y actividades que ayudarán al lector a desarrollar sus habilidades de comprensión.

Antes de leer:

- *¿De qué creo que trata este libro?*
- *¿Qué sé sobre este tema?*
- *¿Qué quiero aprender sobre este tema?*
- *¿Por qué estoy leyendo este libro?*

Durante la lectura:

- *Me pregunto por qué...*
- *Tengo curiosidad por saber...*
- *¿En qué se parece esto a algo que ya conozco?*
- *¿Qué he aprendido hasta ahora?*

Después de la lectura:

- *¿Qué intentaba enseñarme el autor?*
- *¿Qué detalles recuerdo?*
- *¿Cómo me han ayudado las fotografías y los pies de foto a comprender mejor el libro?*
- *Vuelvo a leer el libro y busco las palabras del vocabulario.*
- *¿Qué preguntas me quedan?*

Actividades de extensión:

- *¿Cuál fue tu parte favorita del libro? Escribe un párrafo al respecto.*
- *Haz un dibujo de lo que más te gustó del libro.*

TABLE OF CONTENTS

ÍNDICE

SO STYLIN'
¡CUÁNTO ESTILO!

Superstars, kings and queens, and top-secret **VIPs** own the Cadillac Escalade for its swanky style. Some regular folks like its beefy look, too. But luxury doesn't come cheap. This Caddy costs from around $78,000 to well over $100,000.

Reyes, reinas, superestrellas y personalidades **VIP** poseen el Cadillac Escalade por su elegante estilo. Hay algunas personas del público general a las que también les gusta por su robusto aspecto. Pero el lujo no es barato. Este Caddy va de $78 000 dólares a más de $100 000 dólares.

Cadillac has a history of innovations. For example, Cadillac introduced the first electric starter in 1912. Drivers had to use hand cranks before this back-saving invention.

Cadillac tiene un historial de innovaciones. Por ejemplo, Cadillac introdujo el primer motor de arranque eléctrico en 1912. Los conductores tenían que usar manivelas antes de este invento.

For more than 100 years, Cadillac has been a **prestige** brand in the United States. Its famous crest is a symbol of wealth and taste to many people. When the Escalade rolled onto the streets in 1999, it revved up excitement for luxury **SUVs**.

Desde hace más de 100 años, Cadillac ha sido una marca de **prestigio** en los Estados Unidos. Su famoso escudo es un símbolo de riqueza y buen gusto para mucha gente. Cuando el Escalade se estrenó en 1999, se disparó el entusiasmo por los **SUV** de lujo.

Tom Brady, David Beckham, and Adam Sandler are all Escalade owners.

Tom Brady, David Beckham y Adam Sandler son propietarios de un Escalade.

SUPER SEATING
SUPERASIENTOS

Over the years, Cadillac has updated the Escalade five times. In 2021, the company introduced hands-free driving and a newly designed cab that looks more like a fancy theater than a grocery-getter.

A lo largo de los años, Cadillac ha actualizado el Escalade cinco veces. En 2021, la compañía introdujo el sistema de manos libres y una cabina de nuevo diseño que se parece más a un teatro de lujo que a un auto para recoger las compras.

Interior lighting offers 19 color choices to set the mood.

La iluminación interior ofrece 19 opciones de color para crear ambientes.

Every Escalade features handcrafted leather seats, natural wood trim, and other fine details.

Cada Escalade cuenta con asientos de cuero hechos a mano, tapicería de madera natural y otros finos detalles.

Look at that dashboard display! It's the first curved display of its kind with touch screen controls and richer colors than most home TVs.

¡Mira la pantalla del tablero! Es la primera pantalla curvada de este tipo, cuenta con controles de pantalla táctil y colores más intensos que la mayoría de los televisores domésticos.

The display panel has the broadest color range available in any vehicle so far.

El panel de la pantalla ofrece la gama de colores más amplia de cualquier vehículo existente, hasta ahora.

Beyond the comfy heated and cooled seats, the Escalade also offers a listening experience that wraps the sound around each passenger. It's so good that singer James Blake has tested his songs in an Escalade before he has released them. Cadillac treated a small group of his fans to a private concert using the Escalade stereo system.

Más allá de los cómodos asientos con calefacción y refrigeración, el Escalade también ofrece una experiencia auditiva que envuelve en sonido a cada pasajero. Es tan bueno que el cantante James Blake ha probado sus canciones en un Escalade antes de lanzarlas. Cadillac invitó a un pequeño grupo de seguidores a un concierto privado con el sistema estéreo del Escalade.

No need to feel tense in the Escalade with a seat massage.

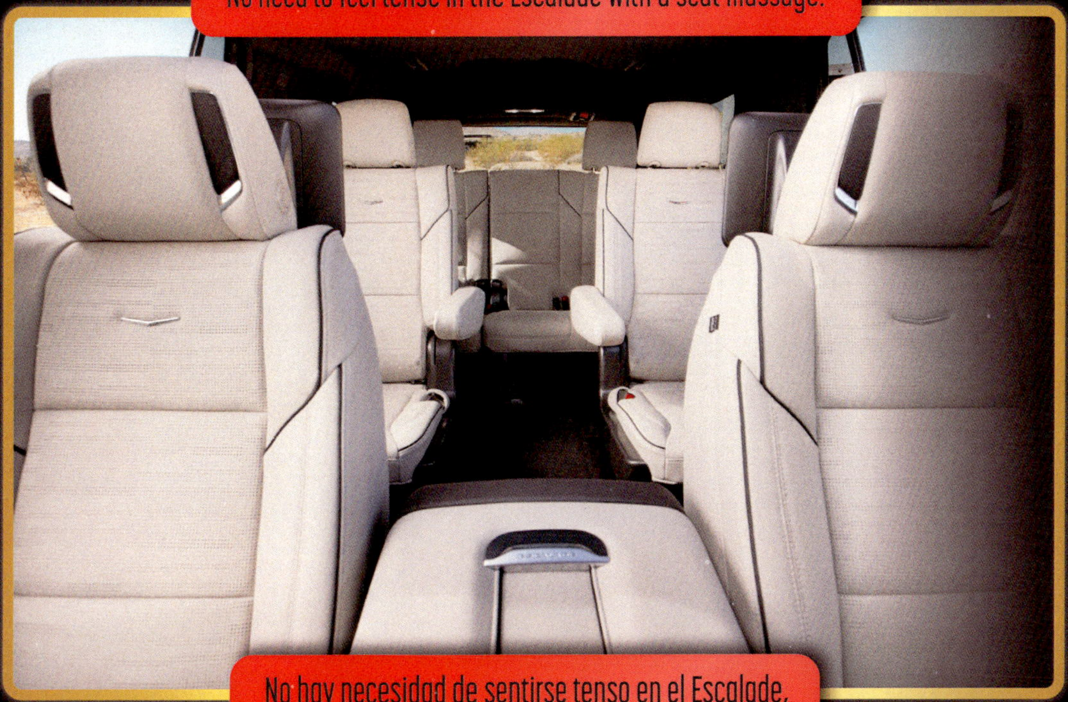

No hay necesidad de sentirse tenso en el Escalade, menos después de un masaje en el asiento.

COMFORT STRETCH

AUMENTA LA COMODIDAD

Cadillac stretched the 2021 Escalade to its longest length so far, giving the third row more legroom and opening up to 142 cubic feet (4 cubic meters) of **cargo** space—more than enough storage for a soccer team's gear.

Cadillac aumentó el tamaño del Escalade 2021 hasta su mayor extensión, dándole a la tercera fila más espacio para las piernas y expandiendo el espacio de **carga** hasta 142 pies cúbicos (43 metros cúbicos), un bodegaje más que suficiente para un equipo de fútbol.

Suspension controls let the driver lower the truck body for less of a step up into the truck. The truck body can also lift up for **clearance** on rough roads.

Los controles de la suspensión permiten al conductor bajar la carrocería de la camioneta. La carrocería también puede levantarse para tener más espacio libre en las carreteras más difíciles.

Measuring 3 feet (1 m) tall, the LED rear light blades recall Cadillac's **iconic** bumper fins from the 1950s. Puddle lamps beneath the doors light the way with the Cadillac crest.

Con 3 pies (1 m) de altura, la luz trasera LED recuerda las **icónicas** aletas del parachoques del Cadillac de 1950. Las lámparas de piso bajo las puertas iluminan el camino con el escudo de Cadillac.

ESCALADE
BRIDGESTONE

MUSCLE MACHINE
MÁQUINA MUSCULOSA

Even with all of its luxury dressing, the Escalade is still an SUV with a powerful engine. The standard 6.2-liter V8 engine delivers 420 **horsepower** and hefty towing muscle.

Incluso con todo su vestuario de lujo, el Escalade sigue siendo un SUV con un motor potente. El motor estándar V8 de 6.2 litros genera 420 **caballos de fuerza** y un fuerte músculo de remolque.

For the first time in the Escalade's history, Cadillac offered a diesel option in 2021. The 3.0-liter diesel engine features an inline six-cylinder setup with a **turbocharger**. Diesel engines usually last longer than gasoline engines and burn less fuel.

En 2021, por primera vez en la historia del Escalade, Cadillac ofreció una opción diésel. El motor diésel de 3.0 litros presenta un sistema de seis cilindros en línea con **turbocompresor**. Los motores diésel suelen durar más que los de gasolina, y consumen menos combustible.

A V8 engine positions eight cylinders in a V shape to burn fuel. An inline six-cylinder motor burns fuel in six cylinders set up in a single row.

Un motor V8 tiene ocho cilindros en forma de V para quemar combustible. Un motor de seis cilindros en línea quema combustible en seis cilindros colocados en una sola fila.

An optional control system under the vehicle reads every inch of the road 1,000 times per second to respond to uneven surfaces. That's one smooth ride.

Un sistema de control opcional debajo del vehículo lee cada pulgada de la carretera 1 000 veces por segundo para responder a las superficies irregulares; es un viaje suave.

EYES ON THE ROAD

OJOS EN LA CARRETERA

Safety matters on the road and in the parking lot. The Escalade uses many cameras to show an overhead picture of the entire area around the vehicle.

La seguridad es importante tanto en la carretera como en el estacionamiento. El Escalade usa muchas cámaras para mostrar una imagen de toda el área alrededor del vehículo.

3D Overhead
74° 1:44
Cadillac
ON
AUTO
OFF
MAX
REAR
A/C
SYNC
START
ENGINE
STOP

3D Overhead

Escalade drivers can see better in the dark. The Night Vision option senses heat to create an image of people or large animals beyond the headlamps.

Los conductores de Escalade pueden ver mejor en la oscuridad. La opción de visión nocturna **detecta** el calor para crear una imagen de personas o animales grandes más allá de las luces delanteras.

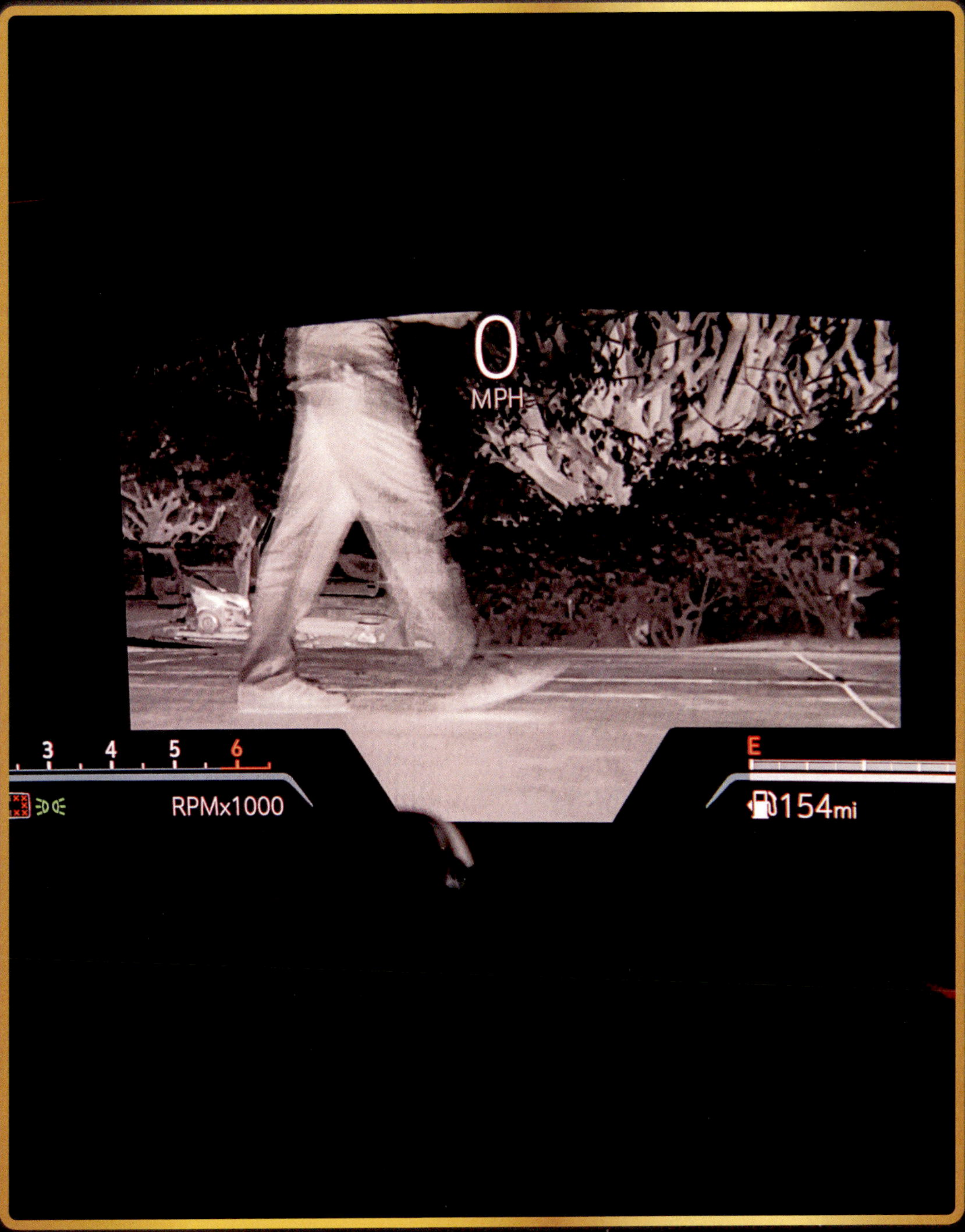
0
MPH
3 4 5 6
RPMx1000
E
154mi

DELUXE LUXURY LUJO DE LUJOS

Some people want luxury on top of luxury! **Specialty** companies turn Escalades into rides that double as office suites or party rooms for wealthy clients. Interiors with extra-large TVs, footrests for each seat, or cabinets for glassware add a fancy touch. Exterior upgrades might include extra glossy black paint, blacked-out grills, tinted windows, or shiny chrome accents.

¡Algunas personas quieren lo más lujoso! Empresas **especializadas** convierten los Escalades en atracciones que sirven como suites de oficina o salas de fiestas para clientes adinerados. Los interiores con televisores extragrandes, los descansapiés para cada asiento o sus armarios para cristalería, le añaden un toque elegante. Las mejoras exteriores pueden incluir pintura negra extra brillante, rejillas oscurecidas, vidrios polarizados o detalles de cromo brillante.

Some companies turn Escalades into stretch limousines.

Algunas empresas convierten Escalades en limusinas muy largas.

Luxury can also mean extra security. **Armor** technology such as bulletproof windows, electric-shock door handles, and pepper spray nozzles mounted on the roof offer mega protection. These rides cost about $350,000.

En rojo también puede significar seguridad adicional. La tecnología **blindada** de las ventanas a prueba de balas, las manijas de las puertas con descargas eléctricas y las boquillas de gas pimienta montadas en el techo ofrecen una gran protección. Estos autos cuestan alrededor de $350 000 dólares.

AN ELECTRIC ESCALADE?

¿UN ESCALADE ELÉCTRICO?

Critics say the Escalade guzzles too much gas. They do suck up fuel! These SUVs typically get about 15 miles (24 km) per gallon with city driving and 20 miles (32 km) per gallon on the highway. Cadillac may release the Escalade as an electric vehicle someday.

Los **críticos** dicen que el Escalade consume demasiada gasolina. ¡Traga combustible! Por lo general, estos SUV rinden aproximadamente 15 millas (24 km) por galón en la ciudad. En la carretera rinden aproximadamente 20 millas (32 km) por galón. Algún día, Cadillac podría lanzar el Escalade como un vehículo eléctrico.

No matter how it changes in the future, the Escalade is the SUV to watch for American luxury.

No importa cómo cambie en el futuro, el Escalade es el SUV a tener en cuenta para el lujo estadounidense.

GLOSSARY

armor (AHR-mur): Protective gear

cargo (KAHR-goh): Transported items

clearance (KLEER-uhns): Space between the ground and vehicle

critics (KRIT-iks): People who find something wrong with things

horsepower (HORS-pou-ur): A unit for measuring an engine's power

iconic (EYE-kohn-ik): A well-known symbol

prestige (pre-STEEEZH): A high standing based on respect or credit from others

specialty (SPESH-uhl-tee): Focused on certain skills, products, or services

SUVs (ESS-YOU-VEEZ): An abbreviation for Sport Utility Vehicles

turbocharger (TUR-boh-CHARJ-ur): A device that pushes extra air into an engine for more power

VIPs (VEE-EYE-PEEZ): An abbreviation for Very Important Persons

GLOSARIO

blindada Que cuenta con un equipo de protección.

caballos de fuerza Unidad para medir la potencia de un motor.

carga Artículos transportados.

críticos Personas que encuentran algo mal en las cosas.

detecta Que descubre la existencia de algo.

especializadas Que se centran en determinadas habilidades, productos o servicios.

icónicas Símbolos muy conocidos.

prestigio Un alto nivel basado en el respeto o la credibilidad de alguien.

SUV Abreviatura de Sport Utility Vehicles (vehículos deportivos utilitarios).

turbocompresor Un dispositivo que empuja aire extra al motor para obtener más potencia.

VIP Abreviatura usada para hablar de personas muy importantes.

INDEX

ÍNDICE ANALÍTICO

WEBSITES TO VISIT
SITIOS WEB (PÁGINAS EN INGLÉS):

www.cadillac.com

www.guideautoweb.com/en/galleries/54082/the-cadillac-escalade-through-time/?im=11

https://beckerautodesign.com/esv/index.html

www.motortrend.com/news/2021-cadillac-escalade-duramax-diesel-engine-details

ABOUT THE AUTHOR

Tracy Nelson Maurer has written more than 100 nonfiction books for young readers. She lives in Minnesota where she happily drives a minivan.

ACERCA DE LA AUTORA

Tracy Nelson Maurer ha escrito más de 100 libros de no ficción para jóvenes lectores. Vive en Minnesota, donde conduce felizmente una minivan.

Crabtree Publishing

crabtreebooks.com 800.387.7650

Written by/Escrito por: Tracy Nelson Maurer
Designer/Diseñadora: Jennifer Dydyk
Editor/Editora: Kelli Hicks
Proofreader/Correctora de pruebas: Melissa Boyce
Translated by/Traducción de: Santiago Ochoa
Spanish-language copyediting and proofreading/
Maquetación y corrección en español: Base Tres
Coordinador de producción/Production manager:
Candice Campbell

Hardcover 978-1-0398-6923-3
Paperback 978-1-0398-6902-8
Ebook (pdf) 978-1-0398-6944-8
Epub 978-1-0398-6965-3

Library and Archives Canada Cataloguing in Publication
Available at the Library and Archives Canada

Library of Congress Cataloging-in-Publication Data
Available at the Library of Congress

Published in Canada
Publicado en Canadá
Crabtree Publishing
616 Welland Avenue
St. Catharines, Ontario
L2M 5V6

Published in the United States
Publicado en los Estados Unidos
Crabtree Publishing
347 Fifth Avenue
Suite 1402-145
New York, NY 10016

Photographs: Cover: Logo graphic © Shutterstock.com/ officeku, speedometer © Shutterstock.com/Panuwatccn, shiny car hood top left on cover and throughout book © Shutterstock.com/ Inked Pixels, Escalade cover photo © Cadillac.com. All Rights Reserved, Title page : ©Cadillac.com. All Rights Reserved, PG 4: ©Cadillac. com. All Rights Reserved, PG 5: ©Cadillac.com (top), Tom Brady © All-Pro Reels from District of Columbia, USA https://creativecommons, org/licenses/by-sa/2.0/ deed.en. ©Andrea Raffin / Shutterstock.com, ©Kathy Hutchins / Shutterstock.com, PG 6-7: ©Cadillac.com (all). All Rights Reserved, PG 8-9: ©Cadillac.com (all). All Rights Reserved, PG 10-11: ©Cadillac.com (all). All Rights Reserved, PG 12-13: ©Cadillac.com (all). All Rights Reserved, PG 14-15: ©Cadillac.com (all). All Rights Reserved, PG 16-17: ©Cadillac.com (all). All Rights Reserved, PG 18-19: ©Cadillac.com. All Rights Reserved, PG 19: ©Kanison| Dreamstime.com (inset), PG 20-21: ©Cadillac.com (all). All Rights Reserved, PG 22-23: ©Cadillac.com (all). All Rights Reserved, PG 24: ©Brphoto| Dreamstime.com, PG 25: ©Art Konovalov / Shutterstock. com, PG 26-27: ©Yelenapilipchuk| Dreamstime.com, PG 28: ©Art Konovalov / Shutterstock.com, PG 29: ©Valokuva24 / Shutterstock.com (top), ©Cadillac.com. All Rights Reserved. Special Thanks to cadillac.com for the use of their images to teach young children reading skills using nonfiction/editorial informational text and images.

Printed in the U.S.A./Impreso en los Estados Unidos/CP052026